ÉLOGE
FUNÈBRE
DE MONSEIGNEUR
LE DAUPHIN.

Par M. PUGET DE St PIERRE.

Sapiens uno minor est Jove. HOR. Ep. 1.

A PARIS,

Chez PANCKOUCKE, Libraire, rue & à côté de la Comédie Françoise.

M. DCC. LXVI.

ELOGE
FUNÈBRE
DE MONSEIGNEUR
LE DAUPHIN.

LONGÉS dans le deuil le plus profond, dévorés d'amertume, le cœur déchiré d'un glaive qui tranche de toutes parts, qu'osons-nous entreprendre ? Parmi les nuages de larmes qui obscurcissent nos yeux, verrons-nous assez bien les traits du grand PRINCE dont il faudroit saisir toutes les nuances ? Dans le trouble de tous nos esprits, au lieu de nous élever jusqu'au principe sublime de tant de ver-

tus immortelles, ne ferons-nous pas égarés par le défordre de notre ame ? O Fils bien-aimé du ROI le plus aimé, d'une REINE felon le cœur de Dieu ! Epoux tendre & vertueux de la plus tendre & de la plus vertueufe Princeffe ! Pere, frere fi précieux aux plus précieux enfans, aux fœurs les plus dignes de vous ! Protecteur éclairé des gens de bien ! Prince Chrétien & Philofophe ! DAUPHIN Augufte ! nous vous cherchons encore parmi nous : tout le fpectacle funèbre qui nous entoure, nous perfuaderoit à peine le malheur de vous avoir perdu, fi nous n'en étions que trop avertis par la plus vive & la plus jufte douleur.

O jours cruels ! jours de défolation ! grand Dieu ! il n'eft plus... il eft mort... nuit affreufe du tombeau qui dérobe à nos yeux le modèle des Sages de la Nation!... un tombeau au printems de fes jours!... un tombeau, tandis que dans toutes les contrées de la France, on dreffoit des autels à ce Prince, & l'on y gravoit comme la plus glorieuse de toutes les inscriptions, & la plus méritée : *Le Sage ne voit que Jupiter au-dessus de lui.* Ce tombeau ne renferme donc que des cendres respectables. Pour retrouver notre DAUPHIN, pour publier ses vertus, consultons les trophées érigés à la vraie gloire ; ses autels sont dans nos cœurs. Les Sages, à qui seuls il appartient de dispenser la réputation, ont prononcé : tous les Citoyens dignes du nom François ont applaudi.

Horat.
Ep. I.

Manes augustes ! ne dédaignez pas nos hommages : nos regards se tournent vers vous à tout instant ; il me semble être en votre présence ; que mon ame en est encouragée, & que la vérité se dévoilant à mes yeux, m'éclaire de sa lumiere.

La plus haute destinée attend un DAUPHIN, dès l'instant où il paroît sur la terre : le Trône lui est assuré par les Loix à titre d'héritage. Dans l'ordre de la nature, chaque année le rapproche du diadême : c'est un don du Ciel bien magnifique, que l'éclat de cette condition. Un empire qui semble fait pour imposer des loix à l'Europe ; des Sujets ardemment dévoués à la Famille auguste qui regne sur eux depuis tant de siécles ; une Nation aimable qui invite toutes les autres à venir dans son sein partager ses agrémens ; une Cour superbe où tout brille de la splendeur la plus éblouissante ; l'autorité suprême de la législation, le pouvoir de la paix & de la guerre, le droit de disposer des charges, des honneurs, des graces & des emplois du Royaume : tel est en perspective l'appanage du premier Fils de France. A ce titre seul sont dûs & nos respects, & les divers hommages imposés par la Religion & par les loix de la Monarchie. Mais en acquittant nos devoirs, avec quelle impatience ne desirons-nous pas de connoître si l'héritier du Trône a reçu du Ciel un présent encore plus noble que sa naissance ? Plus son rang est sublime, plus nous aurions à trembler, s'il n'y atteignoit pas par l'élévation de son ame. Toutes les sources de cette sublimité sont dans la Sagesse Eternelle, dans la Philosophie qu'une pompe extérieure ne peut séduire ; qui des effets remonte à la cause & à son objet ; qui juge de l'étendue de l'esprit humain, mais qui voit très-bien où sont ses bornes ; qui n'est touchée de la prééminence du rang, qu'autant qu'il en tient le pouvoir de faire du bien ; qui n'apperçoit entre les hommes d'autre intervalle que celui des vertus & des talens ; dans les grades, que le bon ordre des sociétés, & la sagesse de leurs constitutions ; dans les richesses, que les moyens honnêtes ou punissables qui les ont acquis ; dans les plaisirs, que les douceurs de l'ame, ou le délassement des travaux ; & qui se dévouant à la gloire, méprise & les petites opinions du vulgaire des divers Etats, & les cris bruyans des audacieux, pour ne la rechercher que dans la fidélité aux grands principes, dans le témoignage du sens intime, dans la justice, dans l'humanité, dans la constance à encourager les bons, à opposer des barrieres aux méchans, & dans les applaudissemens des Sages.

Philosophie lumineuse ! voilà vos attributs. Prince immortel ! ce sont-là vos traits, j'ai crayonné votre image. Si j'osois la peindre en Orateur, je suivrois les beaux traits que je viens de décrire. Des applications les plus heureuses naîtroit la plus sage Morale. La plus vaste carrière nous seroit ouverte. Mais le trouble de la douleur ne fait point consulter un ordre aussi méthodique. Elle saisit son objet, elle arrête sur cet objet des yeux noyés de larmes. Ils le parcourent, ils le contemplent, les traits principaux peuvent à peine fixer la foule des idées qui se pressent. Tout au plus la marche des années dirige-t-elle le récit des événemens.

L'enfance des hommes est à-peu-près semblable aux premiers jours du printems. Ces jours font courts, le Soleil ne les réchauffe que d'une chaleur légère; un ciel pur & ferein est troublé tout-à-coup par l'inconstance des vents, des vicissitudes continuelles ne nous offrent encore rien de fuivi ni de foutenu. Il n'est donné qu'aux Mortels créés pour fervir d'exemple au Monde, d'apporter en naissant les caractères décidés des vertus.

Tel fut MONSEIGNEUR LE DAUPHIN. Son ame toute préparée à recevoir les empreintes facrées de la Religion, on vit en lui la piété croître avec les ans. Son esprit desiroit avec ardeur les Sciences. La dissipation naturelle à son âge cédoit fans effort au goût du travail, & à l'amour des Lettres. Né au comble des grandeurs, il vouloit être grand par fes propres qualités; s'il s'étoit livré un instant à la vivacité peu réfléchie de la premiere jeuneffe; s'il n'avoit pas faifi du premier coup d'œil les objets de fon instruction, on le voyoit mécontent de lui-même. Jaloux de prouver les qualités de Chrétien inſtruit, de Diſciple docile, reconnoiſſant & éclairé, de grand Prince; ce Fils unique de nos Maîtres, par ſon exactitude à ſes devoirs, par les mouvemens de ſon ame, ſavoit répondre à leurs vœux & fonder leurs hautes eſpérances.

Vertueux *Châtillon*! vous aviez mérité de préſider à cette heureuſe Enfance; l'éclat d'un Sang très-illuſtre, & que la France a vû mêler avec celui de ſes Rois, vos talens & vos ſervices militaires (*a*), votre ſagacité, la bonté de vos mœurs, la noble égalité de votre ame, tant de gloire & tant de vertus, étoient bien propres à cultiver des qualités dignes du Trône.

L'aurore ſe hâte d'amener un jour radieux. Un beau matin vient fixer nos regards, & charmer nos cœurs: faut-il, hélas! que ce charme ne ſe retrace au-

_____
(*a*) M. le Duc de Châtillon avoit commandé la Cavalerie Françoiſe en Italie avec beaucoup de diſtinction.

jourd'hui que pour redoubler notre consternation ?

Déja les Gouverneurs sont inutiles à Monseigneur le Dauphin. Il a des surveillans en lui-même. La Religion & la Philosophie y ont établi leur empire ; tels sont les Maîtres qu'il conserve, & dont en aucun instant il ne voudra se séparer.

Guidé par leurs principes, voyons quel usage il en fait faire dans les cruelles circonstances qui se multiplient pour éprouver ses vertus. Nous touchons à l'époque de Metz, à cette époque non moins glorieuse pour le Roi, que les superbes lauriers cueillis en Flandre. L'Héritier du Trône semble être frappé lui-même d'un coup mortel. Que de larmes amères, quels vœux fervens n'adressoit-il pas au Maître Tout-puissant des Souverains ? Tantôt sa tendresse lui peignoit le danger comme extrême ; alors, tous ses sens suspendus, il étouffoit de douleur : tantôt l'activité de ce même sentiment éloignoit de lui la terreur, rassuroit son espoir ; à cet instant il respiroit, il reprenoit des forces, il sentoit naître les transports de joie qui le distinguerent si dignement à la convalescence du Monarque BIEN-AIMÉ. Eh ! quand est-ce que ce grand Prince ne partagea pas dans toute la sincerité de son cœur les divers intérêts du ROI ? On eût dit que le sang du Fils n'avoit pas cessé de couler dans les veines du Pere.

Echappé aux horreurs de cet affreux péril, il en est d'autres qui l'appellent aux champs de Mars. Les plus terribles guerres désoloient l'Europe ; les plus grands intérêts en perpétuoient la durée. Quelques triomphantes que fussent les armes du ROI, il n'avoit pu faire cesser encore les malheurs de l'humanité : par une derniere campagne, le sort des Empires alloit être décidé. La nation estime fort dans ses Princes les vertus pacifiques, mais elle en admire en eux, & elle en espére les talens militaires. Monseigneur le Dauphin bruloit du defir de les prouver.

Sans doute, il fuffit toujours aux François de la préfence de leur Roi, pour les enflammer du plus grand courage: fon Fils augufte concourut à créer les prodiges. Braves defenfeurs de la Patrie! je vous en attefte : racontez-nous quelles leçons, & quels exemples ce Prince favoit donner aux Militaires, quelle paffion l'eût entraîné à partager tous vos hafards, combien, à la vue du danger, tous les traits de la valeur venoient fe peindre fur fon front. Mémorable journée de Fontenoi! retracez-nous la vigilance & l'intrépidité de notre jeune Prince. Trois fois des efcadrons de Cavalerie repouffés par la colomne formidable des Anglois, avoient cedé le terrein ; à la troifiéme fois, Monseigneur le Dauphin vole à eux, & les armes à la main : *Où eſt donc, s'écrie-t-il, l'honneur de la Nation ?* A ces mots, à fa contenance héroïque, les

François sentent ce qu'ils sont & ce qu'ils doivent ; les escadrons se rallient : pleins du feu que le Prince a fait passer dans leur cœur, ils retournent au combat ; comme ils ne savent plus concevoir d'autre projet que celui de vaincre ou de mourir, l'ennemi fuira bientôt devant eux.

Ne craignons pas que cette ardeur martiale diminue rien de l'aménité de son ame : lui, qui dans les armées étinceloit du feu de la guerre, ne laisse plus remarquer après les combats, que la douceur de ses vertus.

Ciel ! par quel decret terrible allez-vous désoler un Prince qui a mérité toutes vos bénédictions. Heureusement réuni avec sa famille, délicieusement occupé des prospérités de la France, & des nouveaux rayons de gloire qui ornoient le front majestueux du Roi, plein du bonheur qui avoit uni son sort avec une Infante d'Espagne, les plus douces espérances flattoient aussi son cœur. Il attendoit l'inftant de jouir des fruits d'un hymen fortuné. Hélas ! il ne devient Pere d'une Princesse que pour cesser d'être Epoux.

Dans ces jours malheureux, la Religion seule put soulager le cœur le plus blessé ; mais quelque consolation que répandît une Philosophie toute chrétienne ; il n'éprouvoit pas le dédommagement de son infortune extrême. Un tendre & cruel souvenir faisoit tous les jours couler ses larmes ; il étoit reservé à une PRINCESSE DE SAXE d'en tarir la source.

Si des liens mal-assortis sont un supplice pour les mortels, & les font gémir sans cesse sous leur poids accablant ; qu'ils sont doux, au contraire, ces mêmes liens ! qu'ils offrent d'attraits ! qu'ils ont de charmes que nulle autre ressource n'égale quand la sympathie des vertus les resserre, quand les mêmes intérêts dirigent, quand la même grandeur régnant dans deux ames fonde l'estime réciproque, produit la confiance entiere, dicte les prévenances, ne connoît enfin ni plaifirs ni peines, qui ne foient partagés : ce bien ineftimable, le bien le plus délicieux de la terre, & dont jamais les hommes nés avec le goût des vices ne conçurent, pas même la premiere idée ; l'amour vertueux & tendre vint rappeller notre DAUPHIN au bonheur.

Puiffant Maître des deftinées ! vous bénites vous-même ce refpectable hymen, la plus heureufe fécondité le couronna, & la Nation dans des tranfports de joie s'applaudiffoit du fort profpère de fes PRINCES.

Un époux vertueux eft un excellent père. Dès que la tendreffe paternelle prend tout fon effor, rien ne lui échappe, tout eft concerté par les confeils de la Sageffe, tout tend vers le grand & vers le beau: on compte parmi les devoirs les plus facrés, celui d'élever fes enfans à l'honneur de fervir avec diftinction leur Patrie dans le rang où le Ciel les a fait naître ; on juge de l'importance des leçons & des exemples

exemples donnés à leurs premières années. Si Abſalon, quoiqu'il eût reçu les enſeignemens d'un Roi Prophéte, fut un fils ingrat & rebelle, Auguſte plus heureux dans l'éducation de Tibere, forma par ſes préceptes le Prince le plus habile.

A quelles mains ſeront confiés les rejettons précieux du Sang de France ? Qui ſaura partager avec Monseigneur le Dauphin, le ſoin de former leur eſprit & leur cœur ? Il s'agit des deux premieres places du Royaume : l'eſpoir & le ſort de la Nation dans le ſiècle prochain en dépendent en partie. L'inſtitution des Princes doit être l'art de regner. Avec quelle ſagacité ſe déploie ici la tendreſſe d'un auguſte Pere ? C'eſt le ſang de *Rohan* ſi ſouvent uni avec tous les Souverains de l'Europe, & digne de cette gloire ; c'eſt l'épouſe (a) d'un Prince de Lorraine, qui honorant ſon rang par ſes qualités, fixe le choix de Monsei-

─────────────

(a) Madame la Comteſſe de Marſan.

GNEUR LE DAUPHIN. Par ce choix, il prouvoit aſſez au ROI l'étendue de ſa ſageſſe, pour eſpérer d'en être applaudi quand il propoſeroit le Gouverneur.

La ſévérité de l'honneur, la piété ſolide diſtinguoient un homme illuſtre par ſa naiſſance & recommandable par ſes ſervices.* Le Prince l'obſerve, il l'étudie, il le juge ſemblable au Courtiſan dépeint par un Auteur très-célèbre, & qui étoit fondé à rendre de ſoi ce témoignage : *Je parus à la Cour, mon cœur ne s'y corrompit point. Je formai un grand deſſein, j'oſai y être vertueux. Dès que je connus le vice, je m'en éloignai, mais, je m'en approchai enſuite pour le démaſquer, je portai la vérité juſqu'aux pieds du Trône. Je déconcertai la flatterie.*

Une reſſemblance de traits entièrement exacte formoit l'homme rare qui parut au Prince un préſent du Ciel, & qu'il deſira pour remplir ſes vues ſur ſes auguſtes enfans.

* M. le Duc de Lavauguion.

Si les actions d'éclat éblouissoient moins les hommes, s'ils apprécioient avec plus de justice les vertus de la vie privée, s'ils savoient enfin mieux juger du point suprême de la grandeur, je choisirois cet instant pour exciter leur admiration. Venez, ô Citoyens! m'écrierois-je, les jours qui vont commencer sont encore plus intéressans pour vous que celui de Fontenoi. Mais, conviendra-t-on de cette vérité? On se rappelle avec enthousiasme HENRI IV disant dans les plaines d'Yvri : *Suivez le Panache de mon casque, vous le verrez toujours au chemin de la gloire*; & l'on oublie ces paroles bien plus belles adressées à un Sujet que ce grand Roi vouloit ravir au supplice : *Avouez que vous m'avez trompé, & soyons amis*.

Quoiqu'il en soit, je le dirai : voyez, & admirez. D'abord nous interrogerons les personnes attachées au service de MONSEIGNEUR LE DAUPHIN. Leurs voix consternées nous répondront: *Nous*

B ij

avions un *Maître* plein de juſtice & d'humanité (a). Conſultants enſuite l'emploi de ſes ans : les actes de piété, l'étude de ſon état, les travaux du Conſeil, les ſoins perpétuels du reſpect filial, de la tendreſſe conjugale, de la vigilance paternelle, de l'amitié fraternelle, le goût des lettres & des arts ; c'eſt ainſi qu'il n'y eut jamais de vuide dans ſes jours. Oſons pénétrer juſqu'au fond de ſon cœur, y reconnoître les grands perſonnages qu'il honoroit de ſon amitié ; nous y lirons le nom ſi vénérable de *Chriſtophe de Beaumont*, dont les Rois & les Nations de l'Europe admirent les vertus, & celui de *Nicolaï* qui reçut les derniers ſoupirs du Prince : le nom des *Luines* dès long-tems agréable à la Famille Royale, celui de *Saint Florentin* à qui la France s'eſt tant empreſſée de prouver combien elle l'aime, combien nous reſpectons ſes qualités, les noms de tous les émules de ces enfans du Ciel :

(a) Mandement de Mgr l'Archevêque de Paris.

Obferverons-nous enfin fur qui s'étendoient fes bienfaits ; fur tous les infortunés dignes d'intéreffer par quelques qualités une grande ame, & qui ofoient l'implorer.

Qu'il fut heureux pour la Nation, qu'il en fut célébré le jour où l'héritier du Trône fut appellé aux Confeils du Roi ! Quel zèle n'y porta-t-il pas, & pour la gloire de fon augufte Pere, & pour la Majefté de la Couronne, & pour le bon ordre dans l'Etat. Alors nous nous dîmes les uns aux autres : la France dut-elle perdre les Miniftres qui lui font précieux, elle n'auroit point à craindre que la vérité ne parvînt pas jufqu'au Trône, qu'elle y parût fans appui. Nous avons un Prince qui faura l'y annoncer & l'y protéger.

Déja, en effet, nous redoutions des maux dont nous aurions cependant rougi d'ofer prévoir l'excès : déja les contempteurs effrénés de toutes les loix, étoient poffédés des Furies qu'ils avoient évoquées des Enfers. Déja... Ange tutélaire de la France! veillez fur le royaume commis à votre garde, vous en répondrez à l'Etre fuprême.... mais l'Eternel lui-même daigne nous couvrir de fes aîles. L'Oint du Seigneur nous eft confervé, Monseigneur le Dauphin redouble de zèle pour les loix divines & humaines: l'impiété le voit, elle frémit de rage, l'ombre feule du Prince lui imprime la terreur; elle ne marche plus qu'avec la précaution d'échapper à fes regards.

Le plus grand Prince, quand même il feroit revêtu du pouvoir fouverain, ne peut pas prévoir, ni même arrêter tous les défordres. Dans le mouvement de la machine la plus parfaite, il eft toujours quelque partie fouffrante. Au milieu d'un pays, où fous le voile impénétrable de la diffimulation, des hommes fans nul frein que celui de leurs intérêts fondent leur fortune fur la guerre lâche, mais cruelle, qu'ils ne ceffent de faire aux vertus;

là, dis-je, il est possible d'éprouver des infidélités dans l'exécution des plus sages desseins : quelquefois même les destinées éternelles accumulent d'étranges circonstances auxquelles on est contraint de céder. Il n'en est aucune qui puisse rien contre la gloire d'une ame excellemment vertueuse. FRANÇOIS I. perdit ses armées & sa liberté même ; dans cette infortune, il fut sans tache ; car il avoit conservé l'honneur.

Pour nous former une idée exacte des services dont la France est redevable au Prince qu'elle a perdu, il faudroit avoir pénétré les respectables secrets des Conseils. Du moins n'avons-nous jamais douté qu'il n'y ait paru, & comme le plus fidèle & le plus éclairé Conseiller du Roi, & comme le plus zélé protecteur de la Patrie.

Il est donc vrai qu'on ne peut suivre MONSEIGNEUR LE DAUPHIN dans le cours de sa vie, sans découvrir les traits du Grand-homme. Il est donc vrai que la gloire dont il brille n'éprouva jamais aucune altération : *Incontaminatis fulget honoribus;* (*a*) Comment sa grandeur fut-elle également soutenue dans toutes les circonstances ? Nous l'avons dit : la Religion & la Philosophie dirigeoient ses pensées & ses œuvres. Rentrons ici dans quelque détail : nous occuper des qualités & des vertus de ce Prince, c'est nous acquitter du plus digne hommage que nous ayons à rendre à sa mémoire, c'est remplir le vœu de nos cœurs.

Dans quelque état que le Ciel place un Mortel, il lui faut un point fixe dont il parte : au premier coup d'œil réfléchi sur l'Univers, la raison répugne à n'y voir qu'un assemblage formé par le hasard. Les lumieres qui croissent avec nous, les mouvemens de notre propre cœur nous entraînent au respect & à l'admiration d'un être merveilleux & inconnu. Celui pour qui cet être a fait de plus grandes choses, qu'il a comblé de faveurs, doit en suivant tou-

(*a*) Hor.

jours les simples lumières naturelles, être affecté d'une vénération & d'une reconnoissance plus profondes. Sans ces principes & sans ces sentimens, il n'exista jamais d'ame bien née. Joignons à ces premières connoissances l'instruction offerte par une loi, dont la morale toujours d'accord avec la raison, réunit dans les points même qui arrêtent celle-ci, une authenticité de témoignages qu'on peut discuter, mais jamais détruire : alors sans doute un esprit droit est pénétré du devoir d'y croire & de la révérer. Cette suite de réflexions & de preuves fit un Chrétien de MONSEIGNEUR LE DAUPHIN. Comme Chrétien, il crut se devoir tout entier à la pratique des préceptes Evangéliques. Comme Prince, il jugea que l'honneur de protéger la Loi de Dieu étoit son premier devoir, le soin le plus illustre de sa gloire. Quelles lumières ne puisa-t-il pas dans la méditation de cette Loi sainte? En admirant le lustre dont elle avoit orné la vie de S. LOUIS, un de nos grands Rois, il l'adopta pour fon modéle. A l'exemple de ce Monarque, la croyance Chrétienne, fes dogmes, fa difcipline & fes cérémonies le pénétroient de refpect, ajoutoient à fa grandeur, loin d'en rien diminuer. Le Clergé orthodoxe, laborieux & exemplaire, fut fous fa protection fpéciale. Avec la même nobleffe & le même courage, il fe fût élevé contre les entreprifes Ultramontaines, fi jamais le prétexte de la Religion eût couvert des prétentions temporelles.

Refpectables confidens de fes penfées les plus fecrettes! atteftez-nous, combien parut affreux à ce Prince l'efprit des partis. A ce mot: *Parti*, gardons-nous de nous méprendre; l'acception de fon fens étant odieufe, elle ne doit être appliquée qu'à l'audace rebelle aux autorités légitimes.

Celui qui fait, & qui croit que Dieu étant un, fa Loi eft une; que fa Loi étant une, l'Eglife doit être une; que l'Eglife étant une, ne peut connoître qu'un ordre de Ministres dans la spiritualité, & qui voit dans cet ordre les rapports les plus directs au maintien de la Puissance Souveraine, émanée de Dieu, & dès-là n'étant jamais mieux confirmée, que lorsque les dépositaires de la Loi divine en impriment le respect : celui qui sait & qui croit que la Monarchie Françoise a réservé la puissance à un seul ; que dans le Gouvernement civil tout doit obéir au Monarque, qu'il n'appartient qu'à Dieu de juger le Roi, & qui inébranlable dans ces principes, annonce pour leur défense la fermeté d'une ame vertueuse ; celui, dis-je, qui sait & qui croit ainsi, n'est que Chrétien, & François. A ces titres, il ne peut que s'élever contre les disciples turbulens des chefs séditieux qui fonderent leur parti sur le mépris le plus indécent des principes les plus sacrés, sur les subtilités étonnantes du mensonge, & sur les fourberies incroyables des œuvres.

Toujours MONSEIGNEUR LE DAUPHIN nous fit admirer la dignité de fon zèle pour les grands principes de la Religion, & de la Monarchie. Ce zèle étoit d'autant plus lumineux, que l'humanité ne ceffoit pas de diriger en lui cette vertu. Une preuve bien éclatante tiendra lieu de toutes les autres. L'étendue de fes bontés pour la Famille de Touloufe fi célèbre par fes cataftrophes, annonce fuffifamment quelles reffources avoit ce Prince pour ramener tous les cœurs qui feroient fenfibles.

La Philofophie, en ornant l'efprit des plus grandes lumières, répand auffi dans l'ame toutes les vertus propres aux circonftances. Nul François ne méconnut la Religion de MONSEIGNEUR LE DAUPHIN. Tous n'ont pas également jugé de la fublimité de fa Philofophie. Il importe de leur en rappeller encore ici les caractères. C'eft la même qu'il a gravée dans les PRINCES fes enfans, & dont le jeune héritier du Trône fe plaît fi naturellement à développer les principes.

Les mots *Philosophe*, & *Sage* sont synonymes. L'orgueil des opinions insensées, & l'art de les accréditer ; l'amour de soi independant du bien général, loin de constituer un Sage, ne caractérisent qu'une âme malhonnête, capable de bien à la vérité dans quelques occasions, mais ne le faisant jamais que par le principe d'ostentation qui lui fait commettre le mal. Connoître les loix, les intérêts de sa patrie, & s'y dévouer avec courage : juger de son état, & remplir tout ce que le bien public en exige : sentir ses talens, & les consacrer à la défense des grands principes, & des vertus : estimer, rechercher l'honneur & le mérite ; & en tout tems, & en tous lieux, les servir, & les protéger de toutes ses forces : détester les vices; & ne rien omettre pour les réformer : abhorrer les crimes ; les démasquer pour les confondre, leur imprimer au moins la note flétrissante de leur infamie : tels sont les caractères du vrai Philosophe ; tels sont les exemples que nous donna MONSEIGNEUR

LE DAUPHIN; c'est ainsi qu'il nous a persuadé que le seul Roi des Rois est supérieur au Sage. *Sapiens uno minor est Jove.*

Tantôt nous voudrions observer séparément un esprit juste, & prompt dans le coup d'œil, vaste par ses connoissances, fécond dans ses idées, noble dans ses déterminations, merveilleux dans ses détails, toujours soutenu dans son essor. Tantôt nous préférerions le spectacle d'une ame humble devant son Dieu, sublime dans ses mouvemens, généreuse envers l'infortune, supérieurement courageuse, & qui gravant tous les jours en elle le nom sacré de *Patrie*, eût compté pour rien ses prosperités personnelles si leur sacrifice avoit pû servir au bonheur de la nation. Mais en vain voudrions-nous distinguer ici les opérations de l'esprit, & les effets du cœur; l'un & l'autre n'agissoient jamais qu'ensemble, leur concert harmonieux, leur grandeur égale se prêtoient à tout instant un secours mutuel:

dans leur union intime, on reconnoiſſoit combien eſt admirable l'Emanation du ſouffle de Dieu, quand l'homme formé à ſon image en reſpecte la dignité.

Hélas! il nous ſembloit que la force & la ſanté conſtituoient notre DAUPHIN. Préſomptueuſe ignorance d'un art deſtiné à conſerver les Mortels! gardez-vous ſur-tout d'approcher des Têtes ſacrées & précieuſes: aſſez d'autre ſang demande vengeance contre vous. Quel effroi! quelles allarmes! nos yeux reconnoiſſent à peine l'Héritier du Trône: ſes traits ſont abbattus, la maigreur deſſéche ſes membres, ſa marche eſt foible & languiſſante. Nous attendons un prodige de la Nature, nous le demandons perſéveramment au Ciel. Mais, la Nature & le Ciel ſe refuſent à nos vœux.

Avant qu'il arrive ce jour trop cruel, tant appréhendé pendant pluſieurs années, MONSEIGNEUR LE DAUPHIN veut prouver à la nation combien il excelle dans l'art de plaire. Suivons ce Prince au dernier voyage de Compiegne : l'uniforme de son régiment est sa parure : toute sa grandeur brille dans son affabilité : il est au camp des soldats, & les soldats croyent voir un Pere au milieu de ses enfans : A la tête des Officiers, il semble ne vouloir etre qu'un avec vous, il n'en est aucun qu'il ne demande de connoître, qu'il n'accueille, qu'il n'honore de ces égards flateurs qu'un aussi grand Prince n'accorde jamais sans produire l'enchantement : ses libéralités se joignent à ses graces extérieures : pour combler ses bontés, pour en donner la marque la plus précieuse, le Prince présente chacun de ses Officiers, & le nomme à MADAME LA DAUPHINE. Les françois qu'on traite ainsi, sont des Héros qu'on s'assure pour un jour de Bataille.

Plus nous nous rappellons les traits de cette vie si mémorable, plus ils nous préparent des regrets dévorants : la fin du voyage

voyage de Compiegne eſt effrayante pour la ſanté du Prince, nos allarmes ne ceſſent point à Verſaille, qu'allons-nous éprouver à Fontainebleau?

Pleurez & gémiſſez, portion illuſtre du Royaume! vous dont l'éclat éxiſte dans ſon origine même, vous que les prévarications de vos peres, ou des circonſtances peu glorieuſes, n'élevèrent point aux charges, vous, qui tenez tout de la valeur qui défendit, & ſauva nos Provinces; & dont le ſang depuis bien des ſiècles fut toujours verſé pour la Patrie; vous, dis-je, qui compoſez la vraie nobleſſe du Royaume! Pleurez un Prince pénétré pour vous d'une ſinguliere conſidération, qui vous eſtimoit aſſez pour juger la reſſource de méſalliances peu digne de vos ayeuls, & dont les bienfaits & l'appui s'empreſſoient de prévenir vos beſoins.

Pleurez, & gémiſſez, Peuples du Royaume! il eſt bien juſte d'offrir des larmes à un Prince qui en répandit tant ſur vos calamités. Mais vous qui portez le nom de François, fans refpect pour le titre de Citoyen, Efprits orgueilleux! Ennemis de notre paix, & de toute dicipline! & vous encore, qui comptez vos jours par vos iniquités, vous qui ne favez que trop braver & nos regards indignés, & la condamnation fi méritée que notre juftice naturelle prononce fans ceffe contre la cupidité qui multiplie vos défordres; fléaux de l'état, hommes ridiculement fuperbes! vos cœurs feroient-ils affez endurcis, affez gangrenés pour ne pas déplorer aujourd'hui le malheur public? Sachez du moins que nous pleurons un grand Prince qui n'eût rien oublié pour vous contraindre à devenir des Citoyens que nous puffions eftimer.

Vous-même, ô Puiffances & Nations de l'Europe! daignez nous apprendre combien vous partagez notre douleur: vos propres intérêts concourent à vous y inviter. Le Fils de notre Roi étoit rempli de vertus, toute fa politique confiftoit à maintenir leur dignité, cette perte ne peut vous être indifférente.

Dans quel lit de douleur est fixé notre DAUPHIN ! Quels spectacles l'entourent ! En soutiendrons-nous l'aspect ? La Mort, l'impitoyable Mort annonce son approche... grande Princesse ! épouse désolée ! vous nous faites frémir pour vous-même. Cent & cent fois au moment d'expirer de l'excès des peines de son cœur, MADAME LA DAUPHINE ne subsiste que par son courage : parmi ses veilles infatigables, le feu qui la consume s'accroît par les larmes même qu'elle dévore. Quelle force surnaturelle rafermit ses mains tremblantes, dès qu'il s'agit de donner des soins à cet Epoux si précieux, & si cher ! Nul des secours qu'exige l'anéantissement, ne choque sa délicatesse. Ah ! ce n'est qu'à regret, que quelquefois elle les partage. Déja, nous avions connu tout l'Héroïsme de cette vertu: elle reçut alors sa récompense. O clémence divine ! les mêmes objets vous follicitent aujourdhui , encore plus vivement. C'eſt la France entiere proſternée aux pieds des Autels : c'eſt un grand ROI, le meilleur des Peres, profondément conſterné , s'efforçant de dérober à ſon Fils les marques du déſeſpoir qui déchire ſon ame, mais ne les dérobant à perſonne ; c'eſt une FAMILLE AUGUSTE, dont les ſanglots percent les Cieux. Les Pontifes ſacrés n'abandonnent plus le Sanctuaire, ils perſévérent dans les larmes, dans les prieres, & dans les Sacrifices : la Religion & la foi ſe raniment dans les ames les moins pieuſes : ces ames ceſſent de refuſer au Ciel des hommages. Précédés de tous les actes de pénitence , des Corps de Militaires font retentir les voutes des Temples de leurs gémiſſemens & de leurs vœux ; ils diſtribuent leur paye en aumônes : que n'auroient-ils pas voulu faire ? Ils étoient encore tous occupés du ſouvenir du Camp de Compiegne.

Grand Dieu ! vous avez entendu les cris de ce Royaume défolé. Grand Dieu ! nous écriions-nous, vos miféricordes font infinies : vous ne ferez point infléxible, & notre DAUPHIN vivra.

Décrets immuables, & terribles ! l'Eternel qui les avoit prononcé en fufpend l'exécution. Et......

Une maladie inconnue n'éprouvoit pas les remédes propres à la combattre. Malgrè fes douleurs & fa durée, MONSEIGNEUR LE DAUPHIN conferve un efprit libre, nulle des affections de fon ame n'eft altérée, il eft jeune, il eft né l'héritier du Trône ; tout lui prouve combien il eft précieux, combien il eft aimé ; lui-même tient à fa famille, par les nœuds les plus tendres, il tient à fes amis dans toute la générofité de fon cœur, il tient à la Patrie par un amour plein de zéle : la fin de fa vie ne devroit naturellement s'offrir à lui qu'avec horreur. Non, il en a déja fait le facrifice, & ce facrifice ne lui a pas coûté un soupir. Les douleurs les plus aigues le tourmentent dans tous ses membres, & il n'échappe pas à son ame un seul mouvement d'impatience. La mort est sous ses yeux, & ses yeux n'en sont pas même troublés. *Quand je serois le maître*, disoit-il, *de choisir entre la vie & la mort, je sacrifierois mille vies au desir qui me presse de voir Dieu, & de le posséder.*

Toute son inquiétude est de conserver assez de ressources dans l'esprit pour modérer les allarmes causées par son état, il ne fait des efforts que pour dissimuler la rigueur de ses maux. Qu'elle est sincere & qu'elle est vive la tendresse qui n'est occupée qu'à réserver pour soi l'excès des peines !

O prodige de courage & de fermeté ! ô Grand Prince ! toute la Nation frémit : chaque courrier nous glace le sang dans les veines ; avant de les interroger nous cherchons à démêler sur leur visage, ce qu'ils ont à nous apprendre. Vous seul, calme, tranquille, supériéur à la nature, attentif à tout, prévoyant tout, édifiant la Terre & les Cieux, vous seul n'éprouvez que le regret de n'avoir pas fait encore plus de bien à ce Royaume.

Qu'on approche du lit de MONSEIGNEUR LE DAUPHIN le tableau du ROI, celui dont les traits offrent plus parfaitement la ressemblance de son Auguste Pere. C'est entre cette image précieuse, & celle de son Dieu, qu'il veut mourir. Occupé de l'une & de l'autre, il bénit les PRINCES ses Enfans, & les ayant remis entre les mains de l'homme sage préposé à leur éducation : *Ne cessez*, lui dit-il, *de leur inspirer la crainte de Dieu, l'observation de ses saints commandemens, une entière obéissance au Roi, & tous les sentimens de tendresse, de reconnoissance & de soumission qu'ils doivent à leur respectable Mère.*

Où en est-elle cette Princesse ! juste Dieu qui appréciez ses vertus & qui jugez bien mieux que nous de l'état de son cœur !....

Le Prince sacrifie jusqu'aux plus tendres consolations que ce monde peut offrir aux derniers instans de la vie. Son ame brise le reste des liens qui l'arrêtoient sur la Terre. Ciel, qui nous désolez par la rigueur de votre puissance, daigne votre miséricorde accorder au Roi les plus longues années !

FIN.

www.ingramcontent.com/pod-product-compliance
Lightning Source LLC
Chambersburg PA
CBHW070709050426